SOCIÉTÉ

DE

Peintres-Graveurs Français

TROISIÈME EXPOSITION

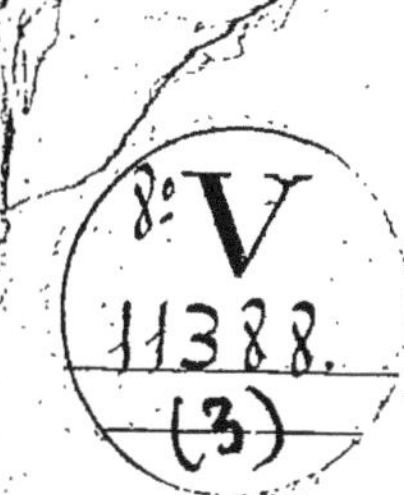

Galeries Durand-Ruel

AVRIL 1891

SOCIÉTÉ

DE

Peintres-Graveurs Français

Membres d'honneur :

MM. Henri BÉRALDI.

Gustave BOURCARD.

DURAND-RUEL.

A. LUCAS.

Roger MARX.

Comité :

Président : BRACQUEMOND.

Vice-Président : Henri GUÉRARD.

Secrétaire : Adolphe ALBERT.

1

SOCIÉTÉ

DE

PEINTRES-GRAVEURS FRANÇAIS

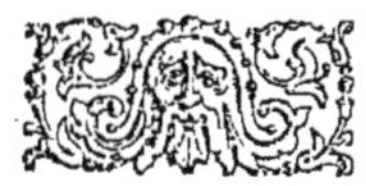

Troisième Exposition

OUVERTE DU 4 AU 30 AVRIL 1891

De 10 heures du matin à 6 heures du soir

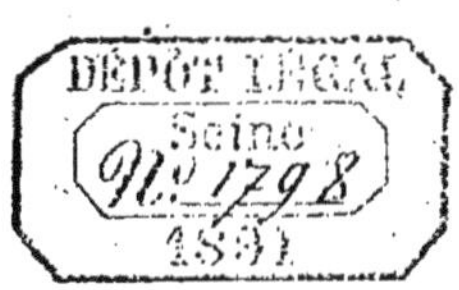

GALERIES DURAND-RUEL

11, RUE LE PELETIER, 11

PARIS

28 mars 1891.

IL n'est pas à craindre que la fondation de la Société des Peintres-Graveurs français soit accueillie avec indifférence ou qu'elle éveille simplement l'idée d'une communauté d'artistes adhérant à des statuts rédigés par-devant notaire. Les raisons qui ont provoqué l'association, le but auquel elle vise, sont pour intéresser, en dehors même des iconophiles, tous les esprits curieux d'esthétique et d'histoire. Si peu qu'on y veuille réfléchir, son origine, sa portée se précisent, et la création nouvelle apparaît comme singulièrement significative et féconde en promesses, en enseignements : c'est la confirmation du succès des expositions organisées en 1889 et

1890 chez M. Durand-Ruel ; c'est la garantie de leur retour périodique, annuel, la certitude de voir enfin donné aux petits Salons d'hiver un complément nécessaire souvent réclamé ; c'est encore et surtout la sanction du rôle de la gravure originale dans l'école moderne. Mais la fatalité veut que, aujourd'hui, celui-là manque qui avait dévoué son effort, sa carrière à la reconnaissance des droits de l'estampe, et que la mort nous ait pris Ph. Burty sans lui laisser applaudir au résultat acquis, avant qu'il ait pu, à cette place et selon la coutume, célébrer, en toute autorité, le définitif triomphe de la BELLE ÉPREUVE.

La BELLE ÉPREUVE *! Fut-elle jamais plus désirable, plus digne de la publicité des musées, de la recherche des amateurs ? Cette fin de siècle, tant décriée, qualifiée si volontiers de décadente, restera pour la gravure originale une époque signalétique, une période de véritable efflorescence. Sur quelque procédé que se porte l'examen, le jugement final ne trahit que confiance et réconfort. L'eau-forte, dont la pratique rapide s'adapte heureusement à la hâte, à l'impressionnabilité modernes, orne la revue, embellit le livre, et, isolée, elle trouve un regain imprévu de variété dans les essais de polychromie, dans la fantaisie* *des croquis de marge ; au même instant s'accomplit la remise en honneur de la lithographie, son admission dans les portefeuilles d'élite, puis il est donné dé la voir s'étaler fièrement sur les murs avec Chéret, ou redevenir, avec Willette, l'illustration du journal, comme au beau temps de la Caricature ; et c'est bien l'exemple d'une révolution que donne le bois, dégagé de la tyrannie conventionnelle d'un travail routinier, le bois émancipé au point de ne craindre nul rival pour l'intensité de l'expression et de se montrer capable de toutes les libertés, de toutes les audaces, de toutes les délicatesses, le bois qui fournit, lui aussi, tirées sur papier de choix, de premières, d'uniques épreuves !*

Grâces soient donc rendues à l'initiative de Bracquemond, de Henri Guérard ; elle va unir les forces vives de l'art, grouper tous ceux que tourmente l'ambition d'écrire, d'incarner, de répandre leur vision. Dans les veines du buis, à la surface du cuivre, sur la pierre grenue, ils retraceront leurs souvenirs, ce qui a été le spectacle de leurs yeux, le passager amusement, la distraction de leurs regards et de leurs pensées. Ils demanderont à la matière de fixer la sensation de l'instant, l'observation ironique ou tendre, le

trouble éprouvé au contact de la nature, de
l'homme, de la société ; ils lui confieront leurs
états d'âme, leurs souffrances et leurs joies,
l'amertume des angoisses et la douce vanité des
illusions, le vrai et l'imaginé, les décevantes réa-
lités et les enchantements du rêve, tout ce qui
désespère la vie ou la console...

Ainsi éclatera à nouveau la puissance, l'impres-
criptible supériorité du créateur ; ainsi s'établi-
ront les différences qui élèvent au-dessus de la
gravure de reproduction l'eau-forte, la lithographie, le bois où le sujet et l'interprétation se
confondent unis inséparablement dans une seule
et même œuvre. Et qu'est-ce, à parler franc, une
estampe originale sinon « un dessin à plusieurs
exemplaires » ? Comme le tableau, la statue, il la
faut priser à la valeur d'une émanation directe,
entière, complète de l'artiste. Interrogez quel-
qu'une de ses feuilles ; l'invention s'y joue toute
de primesaut ; une émotion personnelle y vibre ;
l'individualité d'un tempérament s'y atteste. In-
terrogez-la encore ; elle vous révélera l'humeur
de son auteur, vous initiera aux qualités de son
esprit, à ses manières de dire, à ses façons de
penser. Et, à mesure que se poursuit votre en-
quête, la communion devient plus étroite, le sens
intime se découvre comme en une confidence re-

que sans témoin, à mi-voix, et maintenant cette feuille vous paraît l'inspiration même de l'artiste, l'inspiration qui palpite dans son jaillissement spontané, l'inspiration qui glorieusement tire du néant l'image de la vie, le reflet de la pensée.

Quelle déconvenue cependant si malgré tant d'attraits, malgré les avertissements répétés des Burty, des Béraldi, la BELLE ÉPREUVE venait à passer le détroit ou l'Océan, si l'étranger nous devançait encore dans cette justice que la France a été tant de fois trop lente à rendre aux enfants de son génie, à ses graveurs surtout ! De telles craintes ne sont pas énoncées par affectation d'un pessimisme à la mode ; des souvenirs nous hantent ; des présages nous inquiètent. Méryon a obtenu au Burlington Club une exposition posthume que Paris attend encore, et pour être flatteuse, l'entreprise demeure sans seconde ici, de cet éditeur américain s'attachant à montrer, dans son intégralité, un à un, l'œuvre de nos aquafortistes. Profitable leçon qui devrait nous déshabituer de différer la sympathie, de mesurer la louange à ceux de notre génération ! Voici d'ailleurs que la possibilité n'est plus des continuelles adulations du passé ; les pièces essentielles des vieux maîtres — celles-là, s'entend, qui par leur

condition, leur état méritent la postérité — sont
entrées dans les collections, dûment classées, et
de là vient peut être le crédit que, toute admiration
rétrospective bue, on s'est décidé à accorder aux
productions gravées du siècle qui est le nôtre. Ne
souffrons pas que, entre hier et aujourd'hui, que,
entre les disparus et les vivants, soit dressée une
séparation arbitraire, illogique, et puisque, grâce
à la Société des Peintres-Graveurs français, la
belle épreuve est là, brillant de tout l'éclat de
sa nouveauté inédite, s'offrant à qui la convoite,
ayons garde et ne nous la laissons pas ravir.

Roger Marx.

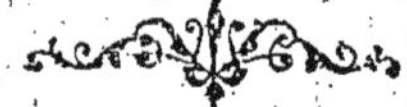

DÉSIGNATION

ALBERT (Adolphe)

PASTELS

1 — *La Baie de Douarnenez.*

2 — *Bourrasque de neige sur Paris.*

EAUX-FORTES

3 — *Douarnenez.*

4 — *Roscoff.*

POINTES SÈCHES

5 — *Étude.*

6 — *Portrait.*

EAU-FORTE, POINTE SÈCHE, AQUATINTE, VERNIS MOU

7 — *Six Croquis.*

AQUATINTE

8 — *Paysages.*

BELLÉE (L. DE)

PEINTURE

9 — *Fleurs des bois ; Étude.*

DESSIN PLUME AU LAVIS

10 — *Étude d'arbres.*

EAU-FORTE

11 — *Allée en forêt.*

BESNARD (Albert)

EAUX-FORTES

12 — *Études.*

13 — *Études.*

14 — *Études.*

15 — *Études.*

16 — *Portrait de M. Roger Marx.*

BOUTET (Henri)

PASTELS

17 — *Retour de courses.*

18 — *Sommeil.*

19 — *Étude.*

20 — *Femme à la puce.*

21 — *Le Brouillard rose.*

22 — *Près de la fenêtre.*

AQUATINTE ET POINTE SÈCHE

23 — *Effet du soir dans Paris.* (1er état.)

24 — *L'Ondée.* (1er état.)

POINTES SÈCHES

25 — *Femme à la puce.* (3e état.)

26 — *Trottinette.* (1er état.)

27 — *Le Ruban noir.* (1er état.)

28 — *Sur la grève.* Croquis.

29 — *Berceuse.* (1er état.)

30 — *Sur les quais.* (1er état.)

31 — *Femme agrafant son corset.* (1er état.)

32 — *Lecture au lit.* (1er état.)

BRACQUEMOND

DESSINS

33 — *Études pour un tableau : « Atelier de couturières ».*

34 — *Études pour un tableau : « Atelier de couturières.*

35 — *Études d'oiseaux, ayant servi pour des eaux-fortes.*

36 — *Études de crosses de fougères devant servir pour un travail sur l'ornementation.*

EAU-FORTE

37 — *Janot lapin*

...faisait à l'Aurore sa cour,
Parmi le thym et la rosée.

LA FONTAINE.

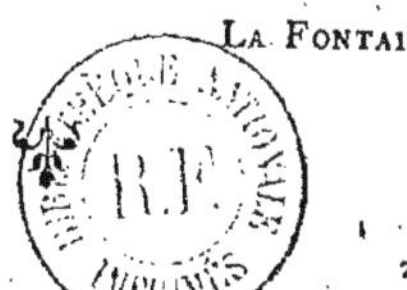

2

BUHOT (Félix)

PEINTURE

38 — *Chaumières normandes.*

39 — *Esquisses.*

PASTEL

40 — *Lever de lune.*

AQUARELLE

41 — *Au boulevard de Clichy.*

DESSINS

42 — *Une Rue à Valognes.*

43 — *Un Vieil Hôtel à Valognes.*

44 — *Feuillets d'album.*

DESSIN A LA PLUME

45 — *Sortie du sermon.*

EAUX-FORTES

46 — *Lever de lune.*

47 — *Au pays des genêts.*

48 — *Convoi funèbre.*

49 — *La Taverne du Bagne.*

50 — *Hirondelles voyageuses.* (1er état.)

51 — *Matinée d'automne.*

52 — *Les Gardiens du logis.*

POINTE SÈCHE

53 — *Petites Chaumières.* (1er état.)

CARRIÈRE (Eugène)

PEINTURE

54 — *Étude de femme.*

LITHOGRAPHIE

55 — *Étude d'enfant.*

CHÉRET (Jules)

LITHOGRAPHIES EN SANGUINE

56 — *Affiche du « Courrier Français ».*

57 — *Le Chat Noir.* Couverture d'almanach.

LITHOGRAPHIE EN COULEURS

58 — *Scaramouche.* Couverture de livre.

SANGUINE

59 — *Couverture pour le livre la « Décoration et l'Art industriel à l'Exposition de 1889 », par M. Roger Marx.*

DELAVALLÉE (Henri)

PEINTURES

60 — *Étude ; Fontainebleau.*

61 — *Étude ; Bretagne.*

62 — *Effet de neige.*

63 — *Petit Paysan breton.*

DESSIN

64 — *Entrée du hameau Gruchy.*

EAUX-FORTES

65 — *Deux eaux-fortes.*

66 — *Maison de pêcheurs.*

EAU-FORTE ET AQUATINTE

67 — *Barrières.*

68 — *Retour de pêche ; la nuit.*

69 — *Angélique au coin du feu.*

70 — *Vieux Puits.*

71 — *A Gruchy.*

POINTE SÈCHE

72 — *Étude de Gruchy ; le soir.*

VERNIS MOU

73 — *La Nuit sur la plage.*

VERNIS MOU ET AQUATINTE

74 — *La Route de Laudemer.*

75 — *Angélique à sa fenêtre.*

76 — *Angélique à sa porte.*

77 — *Le Hameau Eudal.*

DESBOUTIN (Marcellin)

POINTE SÈCHE, IMPRIMÉ EN SANGUINE

82 — *Portrait de Mme C. L.*

POINTE SÈCHE, DIRECT D'APRÈS NATURE

Portrait de M. Henri Somm.

POINTE SÈCHE, D'APRÈS NATURE

Portrait de M. C.

AQUATINTE ET EAU-FORTE

Portrait de Mme L.

POINTE SÈCHE, DIRECT D'APRÈS NATURE

83 — *Portrait-étude de M. Michel de l'Hay.*

DETOUCHE (Henry-Julien)

AQUARELLES

84 — *Viorica, jeune fille roumaine.*

85 — *Incognito.*

DESSINS

86 — *Morceaux féminins.*

POINTES SÈCHES

87 — *Nuque blonde.*

88 — *L'Ange plumé.*

89 — *Exotisme.*

DILLON (Henri-Patrice)

PEINTURES

90 — *Le Liseur.*

91 — *Le Fumeur.*

LITHOGRAPHIES

92 — *A Fernando.*

93 — *Le Modèle.*

Soir de fête.

Frontispice.

FORAIN (Jean-Louis)

94 — *Dessin.*

95 — *Dessin.*

96 — *Dessin.*

97 — *Dessin.*

98 — *Dessin.*

EAUX-FORTES ET POINTES SÈCHES

99 — *Gravure.*

100 — *Gravure.*

101 — *Gravure.*

102 — *Gravure.*

103 — *Gravure.*

GÉRY-BICHARD

AQUARELLES

EAUX-FORTES

VERNIS MOU

POINTES SÈCHES

GOENEUTTE (Norbert)

DESSINS

112 — *Portrait de Viollet-le-Duc, peintre.*

113 — *Liseuse.*

114 — *La Femme au boa.*

115 — *Résignation.*

116 — *Berceuse.*
Appartient à M. Georges Decaux.

117 — *Portrait de Mme A. G.*
Appartient à M. N. G.

118 — *Le Pont-Neuf.*

EAUX-FORTES

119 — *Embouchure de la Seine à Quillebœuf.*

EAUX-FORTES

120 — *La Cour du sabotier.*

121 — *Le Bassin du Commerce, au Havre.*

122 — *Marseille.*

123 — *Étude de nu.*

124 — *Entrée du Grand Canal, à Venise.*

125 — *Bragozzo; Venise.*

126 — *Le Rialto; Venise.*

127 — *Une Entrée des Jardins publics; Venise.*

128 — *La Piazzetta; Venise.*

129 — *Construction de bateaux; Venise.*

POINTE SÈCHE

130 — *Maud; étude de femme.*

GUÉRARD (Henri)

PEINTURE

131 — *L'Eau-forte ; dessus de porté.*

GRAVURES

132 — *Jean Guérard.* Manière noire. (1er état.)

133 — *Jean Guérard.* Pointe sèche remordue. (État.)

134 — *Effet de lune ; Monaco.*

135 — *Effet de lune ; le Havre.*

136 — *Locomotive.*

137 — *Effet de neige à Dordrecht.* Suite d'effets.

138 — *Portrait de Baudelaire.* (État.)

GRAVURES

139 — *Une Centenaire.* Pointe sèche. (1er état.)
Épreuve unique.

140 — *Tigre.*

GRAVURES SUR BOIS

141 — *Corbeaux.*

142 — *Corbeaux.*

143 — *Effet de lune ; Dieppe.*

144 — *Le Grand Canal, la nuit ; Venise.*

145 — *Tête de chat desséchée.*

GRAVURES EN COULEURS

146 — *Rose.*

147 — *Rose thé.*

(Épreuves tirées par l'auteur.)

JACQUE (Frédéric)

PEINTURES

148 — *Fleurs.*

149 — *Étude.*

DESSINS

150 — *Buveurs.*

151 — *Butte Montmartre.*

152 — *Croquis.* Sanguine.

153 — *Daphnis et Chloé.*

154 — *Tête de femme.* Sanguine.

155 — *Bords de la Marne à Annet.*

156 — *L'Hiver.*

DESSINS

157 — *Annet.*

158 — *Vaches à l'abreuvoir.*

159 — *Pêcheurs.*

EAUX-FORTES

160 — *Plaine de Barbizon.*

161 — *Intérieur de ferme.*

162 — *Ferme de Barbizon.*

163 — *Clair de lune.*

164 — *La Veillée.*

165 — *Le Bas-Bréau.*

166 — *Le Petit Bois.*

167 — *Église de Chailly.*

168 — *Soleil couchant.*

169 — *Rue de Barbizon après un orage.*

170 — *Intérieur d'atelier.*

171 — *Maison dé J. F. Millet à Barbizon.*

172 — *Chemin de Chailly.*

173 — *Femme au chapeau.*

174 — *Fumeurs.*

175 — *Essais d'eaux-fortes et pointes sèches.*

JEANNIOT (GEORGES)

PASTELS

176 — *Partie de billard.*

177 — *Buveur.*

POINTES SÈCHES

178 — *Portrait de M. E. C.*

179 — *Petite Fille.*

EAUX-FORTES

180 — *Mère et fils.*

181 — *Souvenir d'ambulance.*

LA TOUCHE (Gaston)

PEINTURE

182 — *En hiver.*

POINTES SÈCHES

183 — *Jeune Femme.*

84 — *Le Vieux.*

185 — *Mineurs en grève.*

186 — *L'Enfant au chat.*

187 — *La Mère.*

LEPÈRE (A.)

PEINTURES

188 — *Étude.*

189 — *Étude.*

190 — *Étude.*

191 — *Le Train de bois; quai d'Ivry.*

192 — *Forêt de Fontainebleau.*

193 — *Échafaudages sous le dôme des Beaux-Arts.*

194 — *Construction de la Galerie des machines.*

195 — *Sur la Tamise.*

196 — *Rouen, construction du nouveau pont.*

197 — *Le Gros Sablon; forêt de Fontainebleau.*

198 — *Le Gros Sablon.*

199 — *Marseille; la Joliette.*

EAUX-FORTES

200 — *14 Juillet; rue Galande.*

201 — *La Seine au pont d'Austerlitz.*

202 — *La Baignade au pont Sully.*

203 — *Au pont Sully.*

204 — *Quai de la Gare.*

205 — *Cardeuses de matelas au pont Marie.*

206 — *Le Lavoir.*

207 — *Le Marché aux pommes.* (1er état.)

208 — *Préparateurs de tabac à fumer.*

POINTE SÈCHE

209 — *Les Images.*

GRAVURES SUR BOIS

210 — *Le Parlement de Londres.*

211 — *Préparateurs de tabac.* (Planches en deux tons.)

212 — *Le Bachot.*

213 — *Quartier des Gobelins.*

LEROLLE (Henry)

PEINTURE

214 — *Étude de femme.*

POINTES SÈCHES

215 — *Portrait.*

216 — *Une Femme.*

EAUX-FORTES

217 — *Une Avenue.*

218 — *Barrière.*

219 — *Nuit.*

LITHOGRAPHIES

220 — *Croquis de femme.*

221 — *Paysage.*

222 — *Paysage.*

L'HAY (Michel-Eudes de)

DESSIN

223 — *Portrait de M. A. G.*

POINTES SÈCHES

224 — *Yahl et bisquine.*

225 — *Bundy et lougre.*

EAUX-FORTES

226 — *Marée basse.*

227 — *Un Bassin.*

228 — *Trois-Mâts à quai.*

LUNOIS (Alexandre)

DESSIN

229 — *Le Marché à Tanger.*

LITHOGRAPHIES

230 — *La Belle Tulipe.*

Appartient à M. Dumont.

231 — *Femmes arabes tissant un burnous.*

232 — *Convalescente.*

MONZIÈS (Louis)

EAUX-FORTES

233 — *Figuré*. Croquis.

234 — *Fileuse normande.*

235 — *Tricoteuse normande.*

236 — *Paysage*. Croquis.

237 — *Paysage*. Croquis.

238 — *Paysage*. Croquis.

239 — *Paysage*. Croquis.

MORIN (Louis)

AQUARELLES

240 — *Masques vénitiens; éventail.*

Appartient à M. Henri Boucher.

241 — *Éventail; esquisse.*

242 — *Croquis.*

243 — *Dessin pour illustrer les « Amours de Gilles ».*

244 — *Dessin pour illustrer les « Amours de Gilles. »*

Appartient à M. Pagat.

245 — *Dessin pour illustrer les « Amours de Gilles ».*

Appartient à M. A. Alexandre.

246 — *Dessin pour illustrer les « Amours de Gilles ».*

Appartient à M. Ludovic Halévy.

EAUX-FORTES

247 — *Masques vénitiens ; éventail.*

248 — *Pointes sèches pour illustrer « Vieille idylle ».*

249 — *Sur la Piazzetta.*

250 — *Bretagne.*

251 — *Place Saint-Marc.*

MULLER (Louis)

AQUARELLES

252 — *Études.*

253 — *Études.*

EAUX-FORTES

254 — *Les Gorges de Grangent (Loire).*

255 — *Vieux Frêne, à Urville (Manche).*

256 — *Côte normande.*

PROUVÉ (Victor)

PEINTURES

257 — *Orges mûres (oasis Gabès).*

258 — *Blés et luzernes (oasis Gabès).*

259 — *Bords de l'Oued-Gabès.*

260 — *Le Lac de Sedjoumi, à Tunis.*

EAUX-FORTES

261 — *Boutique de potier, à Tunis.*

Rue Juive, à Tunis.

Crâne sur un livre. Étude.

Femme tenant un enfant malade. (1er état.)

262 — *Prière du soir, à Douïret.* (1er état.)

Nu et portrait. Étude. (1er état.)

REDON (Odilon)

PEINTURES

263 — *La Coupe de mystère.*

264 — *Saint Jean.*

265 — *Le Pilori.*

DESSINS

266 — *Les Pleurs.*

267 — *Couple pervers.*

268 — *Tête fumante.*

269 — *Parque.*

270 — *Le Liseur.*

271 — *Paysage.*

LITHOGRAPHIES

272 — *Yeux clos.*

273 — *Le Voile.*

274 — *Serpent-auréole.*

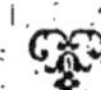

RENOUARD (P.)

EAUX-FORTES

275 — *Politiques américains.*

276 — *A l'Opéra.*

RIBOT (Th.)

GRAVURES

277 — *L'Incendie.*

278 — *La Picarde.*

Appartiennent à M. Bernheim jeune.

279 — *Les Empiriques.*

Appartient à M. Abensour.

RIVIÈRE (Henri)

PASTELS

280 — *Vieux Potager, à la Ville-Hue.*

Appartient à M. Odon Guenau de Mussy.

281 — *Quai de Javel.*

Appartient à M. Jules Jouy.

EAU-FORTE

282 — *Le Pont des Saints-Pères.*

LITHOGRAPHIES EN COULEUR

283 — *Le Pont des Saints-Pères.*

284 — *Place de la Concorde.*

285 — *Le Bas-Meudon.*

RODIN (Auguste)

DESSINS

286 — *Études.*

286 *bis* — *Gravure.*

SOMM (Henry)

POINTES SÈCHES

287 — *Almanachs.*

VIGNON (Victor)

PEINTURES

288 — *Côte de la Falaise, à Nesles.* (Impression.)

289 — *Étude de femme.*

290 — *Falaises de Pourville.* (Impression.)

291 — *La Meule (octobre).*

292 — *Le Clos Pollet, à Jouy-le-Comte.*

293 — *Les Fommes.*

294 — *La Seine, à Ivry.*

EAUX-FORTES

295 — *La Chaumière.*

296 — *Rue de Mézière; Seine-et-Oise.*

297 — *La Ferme de la Chapelle; Oise.*

298 — *Les Meules de Fontenelle; Seine-et-Oise.*

299 — *Nature morte.*

300 — *La Vache laitière.*

301 — *Meules à Hérouville; Seine-et-Oise.*

302 — *La Fille au pigeon.*

303 — *Natures mortes.*

304 — *Croquis.*

POINTE SÈCHE

305 — *La Vieille aux lunettes.*

AQUATINTE

306 — *Le Manoir de Saint-Lubin.*

Peintres-Graveurs étrangers

INVITÉS PAR LA SOCIÉTÉ

BAUER (M. A. J.)

307 — *Une Rue à Stamboul.*

308 — *Chameaux.*

309 — *Intérieur de Sainte-Sophie.*

310 — *Une Rue à Stamboul.*

311 — *Platanes.*

312 — *Devant une mosquée.*

313 — *Au Bazar.*

314 — *Chameaux.*

MUYDEN (Evert van)

EAUX-FORTES

315 — *Portrait.*

316 — *Cavalier romain.*

317 — *Croquis de tigre.*

318 — *Combat de tigres.*

319 — *Scène de genre.*

320 — *Taureau romain.*

PIGUET (Rodolphe)

PASTEL

321 — *Un Lavoir, près de Donzy.*

EAU-FORTE

322 — *Portrait d'après nature.*

RIOS (R. DE LOS)

323 — *Dessins pour illustrer un volume de poésies, par M. C. H. Nô.*

324 — *Dessins pour illustrer un volume de poésies, par M. C. H. Nô.*

325 — *Dessins pour illustrer un volume de poésies, par M. C. H. Nô.*

Appartiennent à M. C. H. Nô.
(Jouaust, éditeur.)

EAUX-FORTES

326 — *La Soupe.*

327 — *La Coiffure.*

328 — *Croquis de femme.*

STORM DE GRAVESANDE (Ch.)

EAUX-FORTES

329 — *La Meuse devant Dordrecht.*

330 — *Calme plat.*

331 — *La Meuse.*

332 — *La Meuse.*

333. — *Port, à Flessingue.*

334 — *Dunes près de Flessingue.*

335 — *Zeeburg; bords du Zuiderzée.*

336 — *Chantier.*

337 — *The Flying Dutchman.*

338 — *Port et Chantier; le soir.*

ZILCKEN (Ph.)

EAUX-FORTES

339 — *Ancienne Porte de Delft.*

340 — *« Loolaan ».*

341 — *A Delft.*

342 — *Maison arabe, à Mustapha inférieur.*

POINTE SÈCHE

343 — *A Delftshaven.*

POINTE SÈCHE, ZINC

344 — *Sur la Schie.*

345 — *« Riki ».*

ZORN (Anders)

EAUX-FORTES

346 — Rosita M.

347 — Portrait de M. Wade.

348 — « Avec sa mère ».

349 — M. A. P.

350 — Brasserie, à Stockholm.

351 — « En plein air ».

352 — Dans l'atelier.

353 — Mme D. T.

354 — Un Peintre-Graveur.

ZWART (W. DE)

GRAVURES

355 — *Paysage à Oostvoorne.*

Buveur.

Femme au repos.

Paysage.

Paysage; le soir.

Un Fossé.

356 — *Rue à La Haye.*

Un Canal.

Vache.

Petits Bateaux.

Une Couturière.

En travaillant.

357 — *La Ferme de Buitelaar.*

La Ferme de Buitelaar.

358 — *Sur le boulevard.*

Paysage à Loosduinen.

Bûcherons.

PARIS — IMPRIMERIE DE L'ART

E. MÉNARD ET Cⁱᵉ, 41, RUE DE LA VICTOIRE

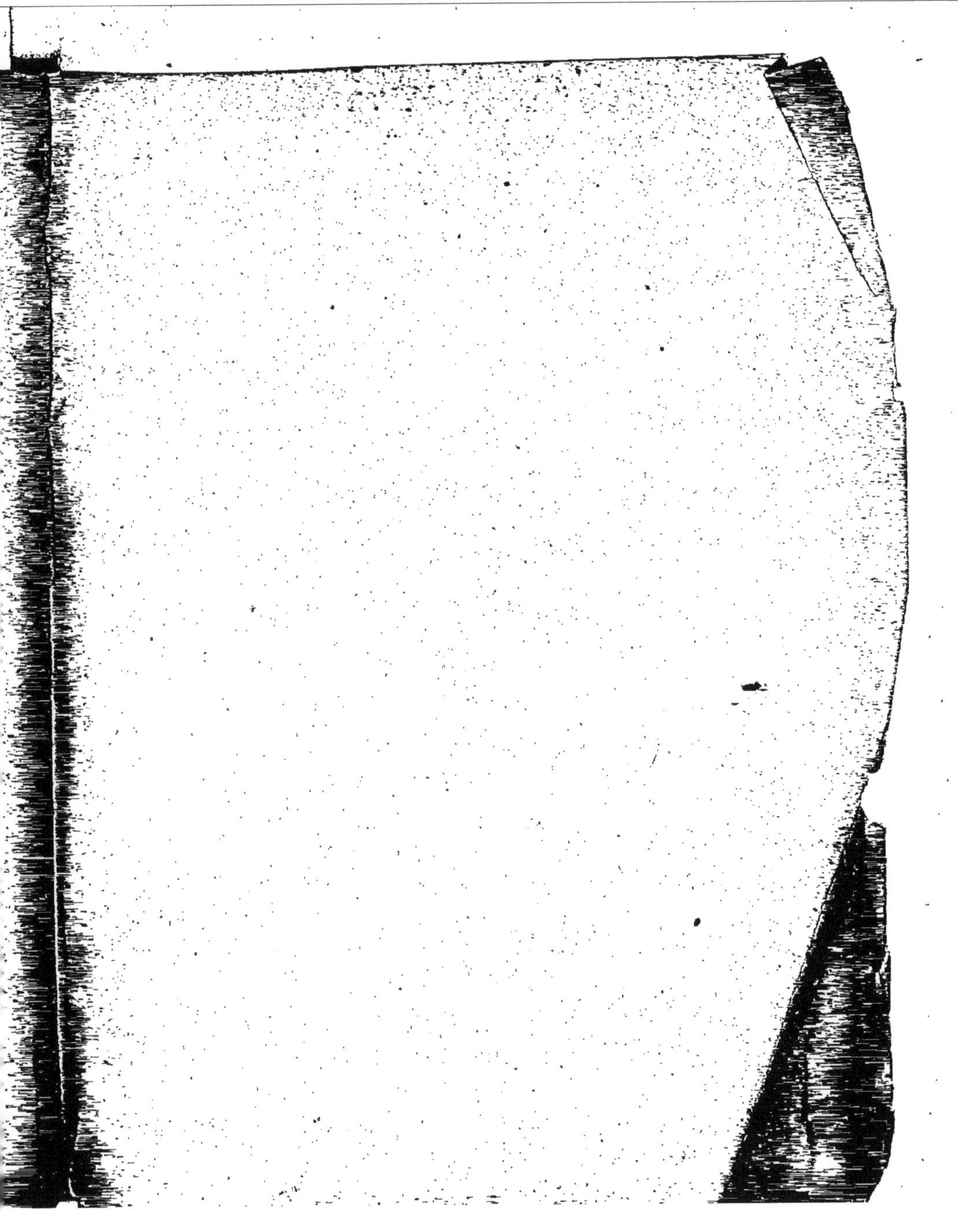

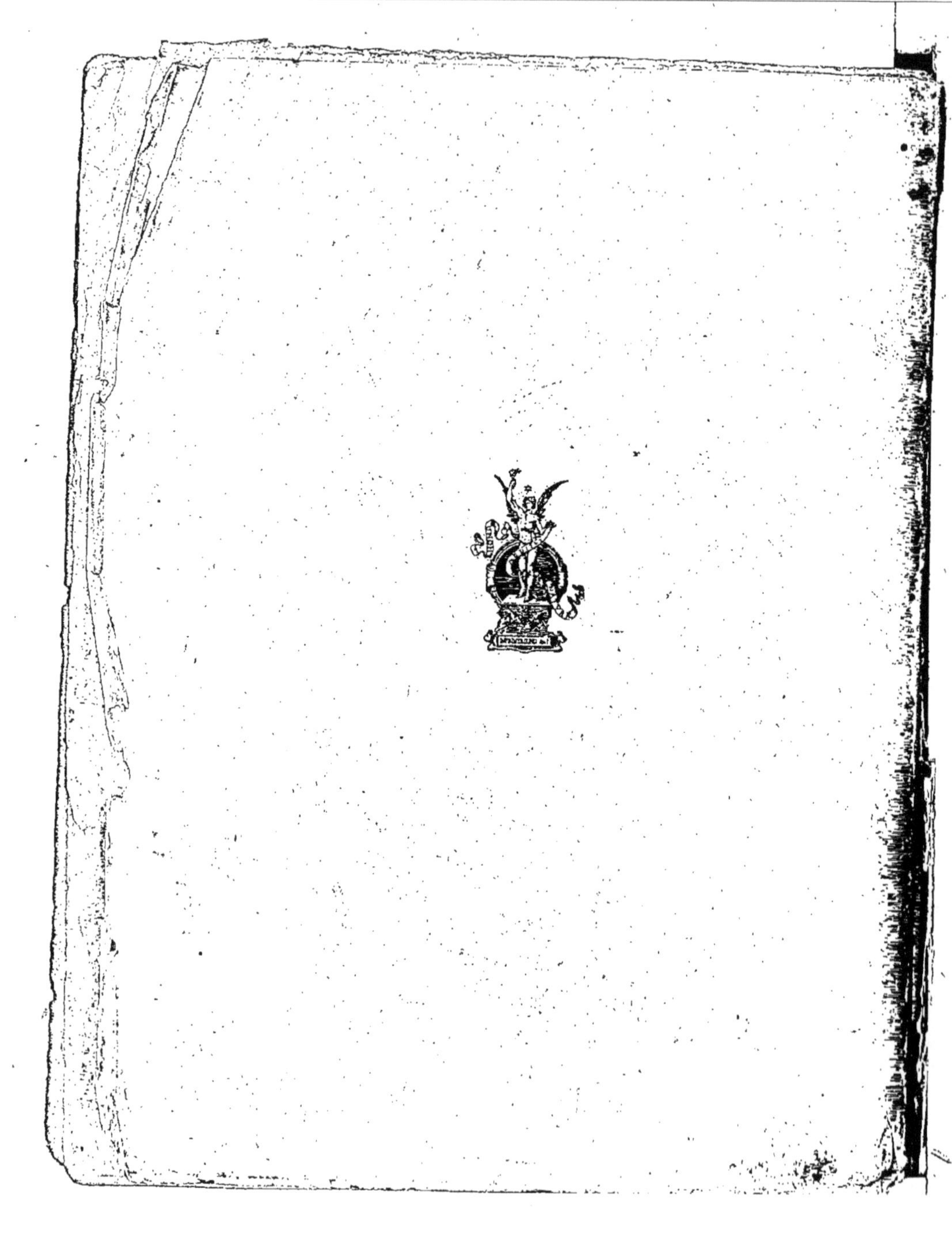